70696526R00061

Made in the USA
Lexington, KY
14 November 2017